مَنِ اقْتَرَبَ مِن شَجَرَةِ التّوت؟!

تأليف: ميساء موسى

رسوم: نور التوبة

دار الرُّقِيّ
للطباعة والنشر والتوزيع

إهـداء

تَعيشُ عَمَّتي «لَيْلى» في بَيْتٍ صَغيرٍ مَعَ عائِلَتِها في القَرْيَة، وقُرْبَ هَذا البَيْتِ يوجَدُ شَجَرَةَ توتٍ بَرِّيٍّ.

ذاتَ صَباح، اقْتَرَبَتْ مِنَ الشَّجَرَةِ لِتَسْقِيَها فَوَجَدَتْ أنَّ شَكْلَ أوْراقِها غَريبٌ، يَبْدو أنَّ أَحَدًا دَخَلَ إلى حَديقَتِها وكانَ يَقْطِفُ مِنْ حَبّاتِها الشَّهِيَّةِ ويَهْرُب.

مُنْذُ ذَلِكَ اليَوْم، لَمْ تَعْرِفْ عَيْناها النَّوْمَ وكانَتْ تَتَفَقَّدُ الشَّجَرَةَ وأوْراقَها كُلَّ يَوْمٍ.

وَجَدْتُها!!!

كانَتْ قَدْ وَضَعَتْ في عُلْبةٍ قَديمَةٍ مُكَبِّرًا صَغيرًا بَيْنَ أَغْراضٍ أُخْرى لَمْ تَسْتَعْمِلْها مُنْذُ فَتْرَةٍ طَويلَةٍ. أَخَذَتْهُ وأزالَتْ عَنْهُ الغُبارَ وخَرَجَتْ إلى حَديقَةِ بَيْتِها.

«لا بُدَّ أَنْ أَقْتَرِبَ مِنَ الشَّجَرَةِ وأوْراقِها أكْثَر، يَبْدو أنَّ بَعْضَ الحَشَراتِ تَأْكُلُ مِنْها وأنا لا أدْري!»، هَكَذا فَكَّرَتْ عَمَّتي «لَيْلى».

فَصارَتْ تَنْقُلُ المُكَبِّرَ بَيْنَ وَرَقَةٍ وأُخْرى، حَتّى رَأَتْ حَشَرَةً وقالَت:

«آه، الآنَ عَرَفْتُ إنَّها دودَةُ القَزِّ كَما سَمِعْتُ عَنْها إنَّها تَأْكُلُ مِنْ حَبّاتِ التّوتِ وأوْراقِها لِتَتَغَذّى مِنْها وتَصْنَعَ مِنْها الحَرير».

راقَبَتْها كَيْفَ تَأْكُلُ مِنْ أوْراقِ شَجَرَتِها الّتي كانَتْ تَغْضَبُ مِمَّنْ يَقْتَرِبُ مِنها ويَقْطِفُ مِنْ حَبّاتِها مِنْ دونِ أنْ تَعْرِف.

دَخَلَتْ إلى البَيْتِ وأخْبَرَتْ زَوْجَها عَنِ الدّودَةِ العَجيبَة. فقالَتْ لَه: «لَمْ أكُنْ أعْرِفُ مَنْ يأكُلُ مِنْ أوْراقِ الشَّجَرَةِ والآنَ عَرَفْتُ أنَّ دودَةَ القَزِّ هِيَ مَنْ كانَتْ تأكُلُ مِنها».

- هَلْ سَتَتَخَلّصِينَ مِنْها؟

- وكَيْفَ أَفْعَلُ ذَلِكَ في حَشَرَةٍ صَغيرَةٍ لا تَقْوى أَنْ تُدَافِعَ عَنْ نَفْسِها؟!

- ولَكِنْ ماذا سَتَفْعَلين؟

- سَأَقومُ بِتَرْبِيَتِها وهِيَ سَتُساعِدُنا في صُنْعِ الحَرير.

- وماذا سَتَفْعَلينَ بِالحَريرِ يا لَيْلى؟!

- سَأَصْنَعُ بِدَوْري مِنْ هَذا الحَريرِ أَقْمِشَةً وأَبيعُها في الحَيِّ.

ـ فِكْرَةٌ جَيِّدَةٌ يا «لَيْلى»!

- سَأَطْلُبُ مِنِ ابْنِنا «عِصام» أَنْ يَبْحَثَ ويَجْمَعَ
مَعْلوماتٍ مِنَ الكُتُبِ عَنْ كَيْفِيَّةِ تَرْبِيَةِ الدّودَةِ.

ـ لَعَلَّ ذَلِكَ يُفيدُهُ أَيْضًا لِيَكْتُبَ عَنْ هَذِهِ الحَشَرَةِ
في حِصَّةِ العُلوم.

عِنْدَ الظُّهْرِ، وبَعْدَ أَنْ تَناوَلَ طَعامَه، أَحْضَرَ «عِصام»
الكِتابَ الّذي اسْتَعارَهُ مِنْ مَكْتَبَةِ المَدْرَسَة.

13

قَرَأَ «عِصام» لِأُمِّه:

ـ أَوَّلًا تَحْتاجُ إلى دَرَجَةِ حَرارَةٍ مُحَدَّدَةٍ حَيْثُ تَضَعُ في الصَّيْفِ بَيْضَها وبَعْدَها تَموتُ الفَراشات.

ـ ثُمَّ يوضَعُ هَذا البَيْضُ في مَكانٍ بارِدٍ حَتّى بِدايَةِ الرَّبيعِ لِيَفْقِس.

ـ وأخيرًا عِنْدَما يَفْقِسُ البَيْضُ تَخْرُجُ مِنْهُ ديدانُ الحَريرِ الَّتي تَتَغَذّى مِنْ أوْراقِ التّوتِ البَرِّيّ.

دودة القز

تَوَقَّفَ «عِصام» وضَحِك:» لِهَذا يا أُمّي كُنْتِ تَغْضَبينَ كُلَّ يَوْمٍ وتَعْتَقدينَ أَنَّ أَحَدًا ما يَأْكُلُ مِنْ شَجَرَتِكِ المُفَضَّلَةِ!».

سَأَقْرَأُ أنا الآنَ اسْمَع: «عَلَيْنا أَنْ نَضَعَ الشَّرْنَقَةَ في ماءٍ ساخِنٍ حَتّى تَسْحَبَ مِنْها خُيوطَ الحَريرِ ونَلِفَّها عَلى شَكْلِ كُرَةٍ».

- كَمْ هذا جَميلٌ يا أُمّي! يَبْدو أَنَّنا كُلَّنا سَنُرَبّي دودَ القَزِّ...

وأنا سَأُساعِدُكِ يا أُمّي فَقَدْ أَعْجَبَتْني الفِكْرَة كَثيرًا!

دودة القز

كانَتِ العَمَّةُ «لَيْلى» تَسْهَرُ كُلَّ لَيْلَةٍ تَصْنَعُ مِنَ الحَريرِ أَقْمِشَةً رائِعَةً. وكانَ ابْنُها «عِصام» يُساعِدُها في بَيْعِ الأَقْمِشَةِ بَعْدَ دَوامِ المَدْرَسَة.

وهَذِهِ الدّودَةُ العَجيبَةُ كانَتْ سَبَبًا في أَنْ تَعْمَلَ عَمَّتي «لَيْلى» في صِناعَةِ الأَقْمِشَة، وتَلْبَسُ النّاسُ في الحَيِّ مِنْ هَذِهِ الأَقْمِشَةِ الجَميلَة.

أَسْئِلة عامّة حول القصّة:

1 - ما اسْمُ الحَشَرَةِ الّتي كانَتْ تَأْكُلُ مِنْ شَجَرَةِ العَمَّةِ «لَيْلى»؟

....

2 - كَيْفَ تَعَلَّمَتِ العَمَّةُ «لَيْلى» تَرْبِيَةِ هَذِهِ الحَشَرَةِ؟

....

3 - ماذا كانَتْ تَصْنَعُ العَمَّةُ «لَيْلى» مِنَ الحَرير؟

....

4 - لِمَنْ كانَتِ العَمَّةُ «لَيْلى» تَبيعُ الأَقْمِشَةَ الجَميلَةَ؟

....